DIE BÜCHER MIT DEM BLAUEN BAND

Nadia Budde wurde 1967 in Berlin geboren. Sie war Gebrauchs-
werberin, bevor sie an der Kunsthochschule Berlin-Weißensee
und am Royal College of Art in London Graphik studierte. Ihr
erstes Bilderbuch *Eins zwei drei Tier* wurde mit dem Deutschen
Jugendliteraturpreis 2000 und zahlreichen anderen Preisen aus-
gezeichnet. Auch ihre folgenden Bilderbücher erhielten wichtige
Auszeichnungen. Nadia Budde lebt mit ihrer Familie in Berlin.

Such dir was aus, aber beeil dich!

Kindsein in zehn Kapiteln

gezeichnet und aufgeschrieben
von Nadia Budde

FISCHER

DIE BÜCHER MIT DEM BLAUEN BAND
Herausgegeben von Tilman Spreckelsen
www.fischerverlage.de

FÜR KIAN

*Danke an Claudia Kühn
für die Hilfe und Unterstützung
bei der Arbeit am Text*

© S. Fischer Verlag GmbH, Frankfurt am Main 2009
Umschlaggestaltung:
Hauptmann & Kompanie Werbeagentur GmbH, München/Zürich
unter Verwendung einer Illustration von Nadia Budde
Farben und Layout: Katja Gusovius
Druck und Bindung: CPI – Clausen & Bosse, Leck
Printed in Germany
ISBN 978-3-596-85321-2

Nach den Regeln der neuen Rechtschreibung

1. Großeltern auf!
2. Alpenveilchen und Achselhaare
3. Stadttod und Landtod
4. Die Frau ist draußen!
5. Der Teich
6. Kindsein war...
7. Fahrstuhl auf!
8. Nasenbluten
9. Zeit
10. Such dir was aus, aber beeil dich!

Großeltern auf!

Irgendwann einmal konnte man von Ostberlin aus über die Mauer hinweg an einem besetzten Kreuzberger Mietshaus auf einem Transparent lesen:

...EURER RN-LAND SCHEIß...

Ein alter Kreuzberger, der in der Transparentszene durchblickte, erklärte mir später, es komme immer darauf an, den provokativsten Spruch an die Wand, auf ein Laken oder sonst wohin zu bekommen.

Ich konnte mit diesem Spruch nicht wirklich etwas anfangen, habe ihn aber bis heute nicht vergessen.

Nicht, dass er mich provoziert hätte...

Naja, auch ich hatte Großeltern-Land.

Sicher, meine Großeltern fielen dort auf dem Land nicht besonders auf. Vielmehr schien das Dorf fast ausschließlich von Großeltern-Land bevölkert zu sein.

Natürlich hatte auch meine Großmutter-Land bunt gemusterte Kittelschürzen, Kopftuch und darunter die gleiche Frisur wie die anderen Frauen. Aber ihr Haar war rabenschwarz gefärbt und ihre Ohrringe waren golden wie die einer Zigeunerin. Sie spielte leidenschaftlich gern Lotto und trug jahrelang alle Zahlen in ein Merkheft ein.

Natürlich trug auch mein Großvater-Land Arbeitsjacken, Schirmmütze und Manchesterhosen wie die anderen Männer. Aber er besaß eine Fliegenklatsche in Spezialanfertigung, eine selbstgebaute Kreissäge und nur noch 8 Finger. Er rauchte Kette, roch im Nacken gut und hatte immer Husten.

Meine Großmutter-Land war Feldfrau, mein Großvater-Land war Traktorist.

Zugegeben, meine Großeltern-Land führten ein stinknormales Landleben: Landhaus, Landgarten, Landtiere, Plumpsklo, dreckige Landfüße mit Hornhaut, Hühnerstallausmisten, Kartoffelkäfer und der ganze andere Land-Quatsch.

Oben im Großeltern-Land-Haus lebten die Marder, unten die Mäuse und in der Mitte die Großeltern mit der Katze.

Katzen hießen immer Mauz.

Das war praktisch. Die Dorfstraße war stark befahren. Man musste sich nicht ständig neue Katzennamen ausdenken. In einem Brief schrieb meine Großmutter: „Übrigens, Mauz ist schon wieder tot."

Warum sollten sich also meine Großeltern-Land-Kindheitserinnerungen von allen anderen Großeltern-Land-Kindheitserinnerungen unterscheiden?

Ich spielte gern Braut mit dem Haarnetz meiner Großmutter.

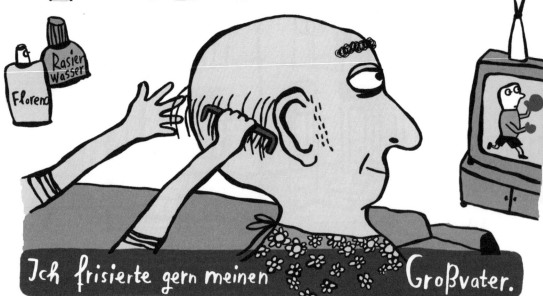

Ich frisierte gern meinen Großvater.

Manchmal durfte ich das Stoppelbärtchen meiner Großmutter zupfen.

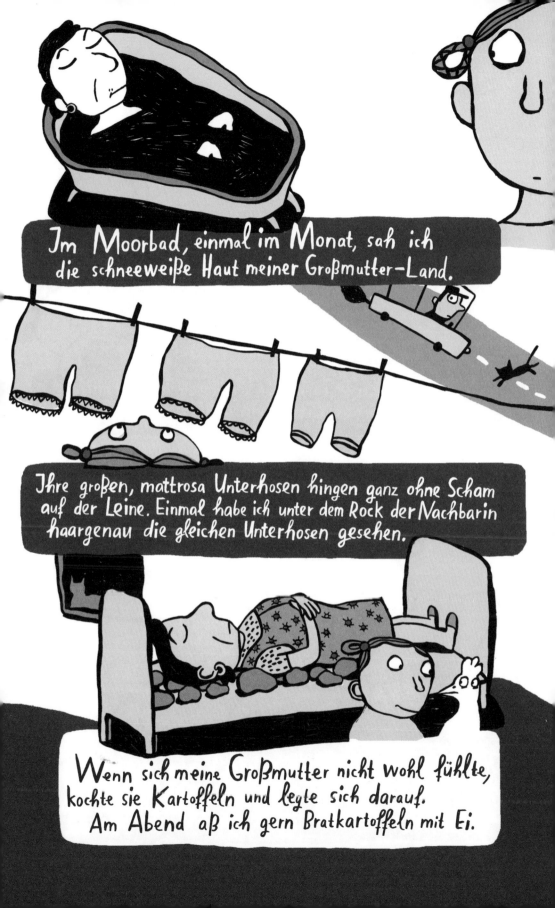

Im Moorbad, einmal im Monat, sah ich die schneeweiße Haut meiner Großmutter-Land.

Ihre großen, mattrosa Unterhosen hingen ganz ohne Scham auf der Leine. Einmal habe ich unter dem Rock der Nachbarin haargenau die gleichen Unterhosen gesehen.

Wenn sich meine Großmutter nicht wohl fühlte, kochte sie Kartoffeln und legte sich darauf. Am Abend aß ich gern Bratkartoffeln mit Ei.

Beim Skispringen im Fernseher zerflossen die Nachmittage. Mein Großvater versank in sein gelbbraunes Sofa.

Ich half ihm oft, einen neuen Verband an seine nicht heilen wollende Schusswunde aus dem Krieg zu legen. Ein Patronenstück steckte noch darin.

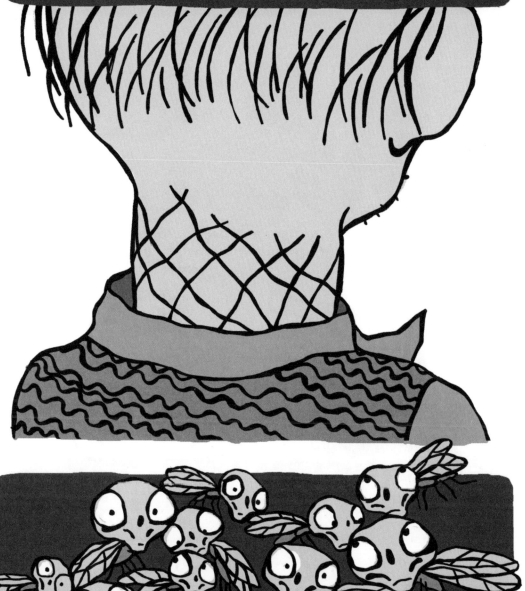

Die Haut im Nacken meines Großvaters hatte das Muster eines trockenen Feldes.

Beim „Fliegenklatschen" am Nachmittag in der Küche habe ich gelernt, dass Fliegen rotes und weißes Blut haben.

Das Blut von Hühnern schien schwarz zu sein. Auf dem fleckigen Hackklotz im Stall hatten sie ihre Leben gelassen.

Zum Essen durfte ich manchmal Bier mit Zucker trinken.

Zu jedem Fest bekam ich einen Schinken und eine Flasche Eierlikör von meinen Großeltern geschenkt.

Es war schön, ihre Enkelin zu sein!

Mein Großvater arbeitete damals immer viel im Keller an seiner Kreissäge.

Später fand ich die Hühner in nagelneuen Eierlegeboxen vor. Beim Eierlegen konnten sie nun lesen:

Eventuell hatte es die Hühner provoziert, vielleicht legten sie in den folgenden Wochen sogar mehr Eier.

Das war alles vor vielen Jahren. Meine Großeltern leben längst nicht mehr. Oft habe ich große Sehnsucht nach den beiden.

Manchmal denke ich noch an das Transparent in Kreuzberg:

Man müsste es zerschneiden.
Man bräuchte nicht einmal eine Kreissäge.

HÖRT ENDLICH AUF MIT EURER GROßELTERN-LAND SCHEIßE!

Zusammen mit meinen Großeltern-Land würde ich durch die Straßen von Berlin bis nach Kreuzberg laufen.

Vielleicht wäre sogar Mauz dabei.

Alpenveilchen und Achselhaare

Es gibt schöne Lieder von großen Stars,
in denen Frauen vorkommen.

Manchmal kommen auch Blumen darin vor,
hin und wieder sogar beides.

Auch der Frauentag und die Schnittblume gehören zusammen.
Beides gleichzeitig zu haben war früher schwer.
Im März war die Schnittblume rar. Aber man war erfinderisch.
Die Männer erinnerten sich daran, Blumen zu besorgen.
Mit den Blumen erinnerten sie die Frauen daran, dass Frauentag war.

Da die Frauen im Sozialismus jedoch sehr selbständig waren, konnten sie sich genauso gut auch untereinander daran erinnern.

Zu diesem Zweck unterhielt meine Großmutter jedes Jahr im März ein kleines Geschäft, selbstverständlich ganz ohne Gewinn.

Die Ware kam in gelblichen Pappschachteln: Plastik-Ansteckblumen für den Frauentag.

Da lagen sie, die Schönen.

Ein Schatz, den ich eine Woche lang mitbesaß. Solange bis sie nacheinander an die Frauen verkauft worden waren, zwei Mark das Stück. Aber daran dachte ich nicht, noch nicht. Die erste durfte ich mir aussuchen.

Die Frauen, für die die Blumen bestimmt waren, hießen:
Ingeborg, Renate, Monika, Anneliese, Erna, Gertrud, Hertha ...

Die meisten von ihnen arbeiteten auf dem Feld.
Sie hatten schrumpelige Ellenbogen, große Brüste, dicke Fesseln,
starke haarige Achseln und rochen nach Schweiß.

Morgens fuhren sie mit ihren Hacken gemeinsam zur Arbeit.

Auf dem Feld wurden alle Dorfneuigkeiten durchgehackt, bis es staubte.

Abends fuhren sie wieder zurück.

In den Pappkisten lagen Gänseblümchen, Margerite, Glockenblume, Primel, Schneeglöckchen, Maiglöckchen, Kornblume... Sie waren rot, hellblau, gelb, orange, rosa und violett, jede mit einer winzig kleinen Sicherheitsnadel versehen und jede auf ihre eigene Weise besonders und wunderschön.

Die Landfrauen waren nicht so leicht zu unterscheiden.

Es gab Arbeitskleidung   und Zuhause-Kleidung.

Wenn ihre Frisuren erneuert werden mussten, gingen die Frauen zur Friseuse und ließen sich von einer eisernen Klaue eine neue Dauerwelle in die Haare schmelzen. War die Dauerwelle missraten, nannte man sie eben Krause.

Zurück kehrten die Frauen mit roten Ohren, eingehüllt in einen klebrigen Geruch.

Die Frauen, wenn sie zu uns kamen, sprachen immer laut. Im Flur hallten ihre Stimmen, die Türen wurden laut auf und zu geklinkt.

Besorgt beobachtete ich ihre groben Hände, wenn sie in die Pappkiste griffen.

Die Gerbera war orange,
in der Mitte rot.
Zusammen mit der gelben Primel
passte sie phantastisch
zu meinem Schleier.
Ich hatte sowieso nicht verstanden,
warum ein Kellerfenster
eine Gardine brauchte.
Mit den angehefteten Blumen
hüpfte ich über den Hof.

Als Erstes ging die Kornblume, Ingeborg kaufte sie.
Sie arbeitete abends in der Kneipe.
Der Biergeruch lag schon auf der Straße vor der Kneipe,
er lag drinnen auf den dunklen Möbeln.

Ich war sicher, dass sie auch die Gläser mit Bier abwusch.

Dann kam Gertrud. Auf ihrem Hof hingen ausgeweidete Kaninchen, die Haut nach außen gestülpt. Es roch streng. Sie war auch für die Paarung der Tiere zuständig. „Zulassen" nannte sie das. Das männliche Kaninchen hieß Bock. Sie kaufte die Margerite.

Das Gänseblümchen war besonders hübsch. Es hatte eingestanzte Punkte in der gelben Mitte. Die Glockenblume war ganz schmal mit fein gezackten Blättern. Mein weißes Nachthemd schmückten sie wie ein Brautkleid.

Das Maiglöckchen nahm Erna. Sie kam manchmal, um bei unseren Hühnern die Flügel abzuschneiden, damit sie nicht über den Zaun fliegen konnten. Ich konnte mir nicht vorstellen, dass in den Flügeln kein Gefühl war. Ich war sicher, in den harten Röhren der Federn floss Blut. Das Geschrei, das die Hühner bei der Verschneidung machten, festigte meine Überlegungen.

Als Nächstes ging das Schneeglöckchen weg.
Anneliese kaufte es. Sie arbeitete im Konsum an der Kasse.
Fast passte sie nicht in das niedrige Sitzkästchen mit der Tür.
Sie hatte keinen Hals. Und weil es im Konsum nach Kartoffeln roch,
roch auch sie wie eine Kartoffel.

Dann kamen noch
Renate, Hertha und Monika.
Renate war Mähdrescherfahrerin und meistens mit klebrigen
Gummistiefeln unterwegs. Hertha brachte uns manchmal
frischen Mist von ihrem Hof mit.

Die letzte Blume ging an Monika aus der Großküche.

Dann waren die Blumen weg.

An den Frauentag
kann ich mich nicht erinnern.

Die Frauen fuhren weiterhin morgens aufs Feld.

Sie sprachen laut, tranken ungefilterten schwarzen Kaffee. Beim Kartoffelstoppeln wurden ihre Hände und Füße rissig und hart.

Abends fuhren sie wieder zurück.

Dann gab es einmal ein großes Fest: Die silberne Hochzeit meiner Großeltern. Es gab Bowle mit braunen Erdbeeren und Geflügelsalat, sogar mit Ananasstückchen darin. Da waren die Frauen: Sie hatten Blusen und Röcke an.

Einige hatten rote Lippen und blauen Lidschatten hinter dunklen Wimpern. Sie tranken Schnaps und Sekt, lachten laut und saßen auf Männerschößen. Sie rauchten auch. Man sah die Träger ihrer Büstenhalter. Es roch nach Parfüm.

Noch als ich im Bett lag, hörte ich die Frauen.

Sie hatten rotes, braunes, blondes und schwarzes, hübsch frisiertes Haar.
Sie hießen: Ingeborg, Renate, Monika, Anneliese, Erna, Gertrud und Hertha...

Die silberne Krone,
die meine Großmutter an diesem Tag trug,
saß perfekt auf meinem neuen Schleier.

Stadttod

und

Landtod

Im großen, muffigen Schrank
meiner Großeltern lagen:

ein dicker roter **Fuchsschwanz**

und ein **Marder** mit zwei Köpfen und zahlreichen Pfötchen.

Ein süßlich scharfer Geruch umgab das seidige Fell.

Auf dem Friedhof gossen die Landfrauen die Gräber der Männer und Eltern, harkten Muster in die Erde und zertraten dabei Feuerkäfer, die zu Tausenden aneinandergeklebt durch das faulige Laub liefen.

herzliches Beileid

in tiefer Trauer

Alma Walter 1922–

Der Friedhofsmüllhaufen war voller Schätze. Friedhofsblumen verblühen nie. Es gab Gräber, von denen ein strenger Geruch ausging. Da waren winzige Gräber und ich errechnete die Jahre, manchmal die wenigen Monate der kleinen Toten. Es gab sogar Grabsteine, auf denen waren die Toten nur mit dem Geburtsjahr verzeichnet.

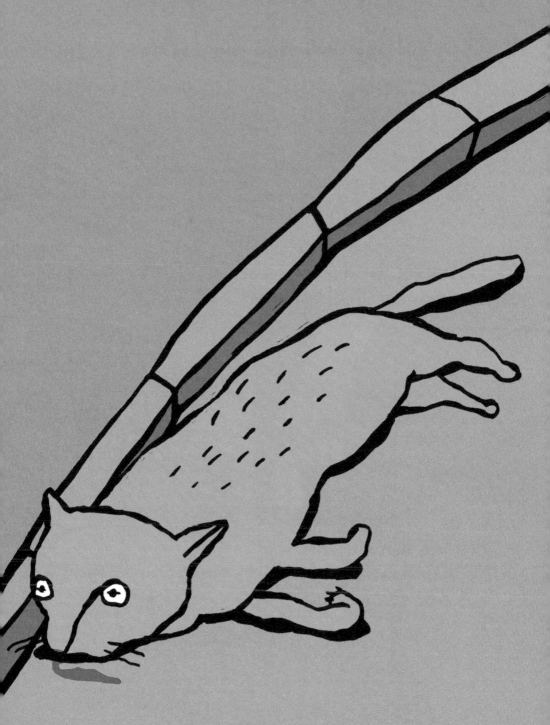

Unsere toten Katzen wurden mit einer Schippe von der Straße genommen und auf den Mist geworfen. Sie waren steinhart.

Dem Landtod begegnete man hier und da.

Er klebte an der Tapete, er lag im Stall.

Er saß unter den Fingernägeln meiner Großmutter, in den Haaren der Nachbarin.

Feuer gab ihm einen widerlichen Geruch, wenn die Federstoppeln von den geschlachteten Hühnern abgebrannt wurden.

Der Tod steckte im dreckigen Taschentuch meiner Großmutter.

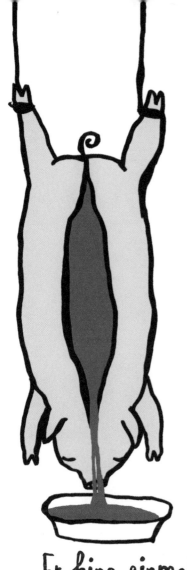

Er hing einmal im Jahr im Hof und stand dann in Gläsern im Keller.

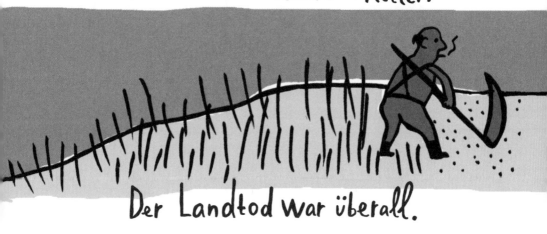

Der Landtod war überall.

Im Anbauwandschrank meiner Mutter in der Stadt
lag ein braunes Haarteil.

Es roch nach Seife

und passte leider nicht zu mir.

In der Schublade meiner Freundin lagen getrocknete und lackierte Molche. Wir stritten immer um echt oder unecht.

Der Stadttod war seltener,
dafür dramatischer und manchmal aufregend.

Der Landtod war gewöhnlich, fast langweilig.

Im Fernsehen gab es den allgemein gültigen Tod.

Stadttod und Landtod konnten einander nicht ausstehen.

Jeder von ihnen besaß eine Straße und einen Bus.

Im Stadttodbus fuhren die Ermordeten, Überfahrenen, Erhängten, ein paar dreckige Straßenköter und was sonst so anfiel in der Stadt.

Im Landtodbus fuhren die Alten, die Kranken, die Katzen, Insekten und Vögel.

Es ging hin und her.

Dabei bemerkten sie nicht, dass beide Straßen längst zu einer Straße zusammengelaufen und ihre Außenspiegel miteinander verhakt waren.

Was schließlich zu einem ekligen Verkehrsunfall führte.

Hm, nicht übel.

Stadttod warf die Fernbedienung hin, klopfte die Krümel weg, kratzte die Rippen und schlurfte ins Schlafzimmer.

Landtod lag schon im Bett. Bald löschten sie das Licht.

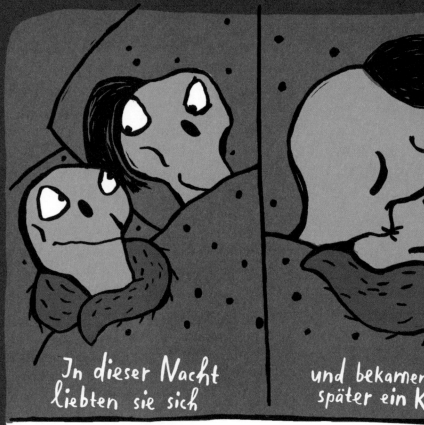

In dieser Nacht liebten sie sich und bekamen wenig später ein Kind.

Es schrie ohne Pause.

Es schrie, wenn man es schaukelte,

und es schrie, wenn man es schüttelte.

Es schrie und schrie so lange
und so laut, dass Landtod
schließlich schweißgebadet erwachte.

Landtod hasste Stadttod, und das war ja wohl der widerlichste Traum, den er je geträumt hatte.

Um schnell diesen miesen Traum zu vergessen, ging Landtod spazieren.

Er trabte hierhin und dorthin und stand plötzlich vor einem hübschen gelben Wohnwagen im grünen Gras.

Darin wohnte das Leben.

Landtod mochte das Leben und wollte ihm einen Besuch abstatten.

Sein Blick fiel auf ein Schild neben der Tür. „Tod nicht erwünscht!" Landtod klopfte an.

Ein Fenster ging auf und das Leben steckte den Kopf heraus. „Hast du das Schild nicht gelesen, du Idiot?", kreischte das Leben hysterisch.

„Nicht einmal ich, der Landtod?,"
fragte Landtod beleidigt.

TOD IST TOD!

schrie das Leben
und warf scheppernd das Fenster zu.

Die Frau ist draußen!

Wie ein Wetterhäuschen funktioniert,
habe ich schon früh gelernt.
Das kam daher, dass meine Großeltern
sich sehr für den Verlauf
des Wetters interessierten.

Unser Häuschen bewohnte ein hübsches Paar.
Die Frau stand für Sonnenschein, der Mann für Regen,
eigentlich ganz einfach.
Wenn die Sonne schien, stand manchmal die Frau draußen.
„Stimmt genau!", sagte man dann.
Stand der Mann mit dem Schirm draußen
und die Sonne brannte trotzdem, sagte meine Großmutter:

„Warte mal den Wetterbericht ab!"

„Schschschschschscht!"

Der kam im Radio und war noch viel wichtiger. Ich verstand nicht so recht, warum. Ich musste auch immer sofort still sein, wenn es so weit war und der Bericht im Radio begann.

Da die Landwirtschaft in der DDR staatlich organisiert war, entfiel eigentlich die Sorge um Saat und Ernte. Außerdem fühlten Großeltern das Wetter doch mit den Knochen voraus.

Der Wetterbericht war eben
nicht einfach nur so ein Wetterbericht.
Er enthielt alle Informationen,
die man brauchte, damals.

Zum Wetterbericht gehörten, neben
dem eigentlichen Bericht, auch die Angabe
der Windrichtungen, die Wasserstände
und schließlich die Tauchtiefen
der Gewässer.

Die Ostsee war bei den Tauchtiefen
nicht dabei. Durch die Ostsee konnte man
tauchend in den Westen abhauen.
Auch die Tauchtiefen einiger Seen
wurden nicht erwähnt.

Fuhr man im Urlaub an die Ostsee, regnete es meistens.

Einmal bekam ich vom braunen Ostseewasser
einen fürchterlichen Hautausschlag. Überall hatte ich rote Beulen
am Körper. Hätte ich den Wetterbericht gründlich angehört,
hätte mir die Angabe der Windrichtung Auskunft über
die Fließrichtung der eingeleiteten Abwässer geben können.
Die Himmelsrichtung festzustellen, war schließlich nicht so schwer.

Bei Gewitter zogen meine Großeltern alle Stecker aus den Dosen. Oft fiel auch der Strom aus. Meistens passierte es nachts. Dann war es stockdunkel. Die Nacht auf dem Land ist schwärzer als die in der Stadt. Hatte man jedoch den Wetterbericht gründlich angehört, konnte man Kerzen bereitlegen.

„Bei Gewitter habe ich schreckliche Angst",

sagte meine Großmutter und zündete die Kerzen an. Es war eigentlich wie in der Geisterbahn. Im Dunkeln kracht es und man weiß, gleich streckt ein Monster die Hand nach einem aus. In Geisterbahnen hatte ich nie Angst.

Im dreckigbraunen Ostseewasser zu stehen und nicht zu wissen, ob unten gleich eine mutierte Riesenqualle vorbeigleitet, war eine Sache, an die man sich mit der Zeit gewöhnte. Die Tauchtiefe war in diesem Fall sowieso egal.

Meine Großeltern aber studierten
den Wetterbericht genau
und konnten deshalb rechtzeitig sagen:
„Nein, jetzt bleibst du besser drinnen."
Oder: „Zieh die Stiefel an,
bind einen Schal um, knöpf die Jacke zu,
hast du auch Strumpfhosen drunter?

Setz deine
Bommelmütze auf,

es soll Regen, Schnee, Nebel,
Hagel, Sturm, Hochwasser, Frost,
ein Unwetter geben.
Das Eis auf dem Teich ist
noch nicht fest genug,
da haben wir schreckliche Angst."

Das Wetter war nicht zu unterschätzen,
von den Wasserständen und Tauchtiefen ganz zu schweigen.
Das Wetterhaus war dagegen ganz einfach strukturiert.
Zur Auswahl standen nur Sonne und Regen.

Mir gefiel das Tier vor der Tür des Wetterhäuschens.
Es interessierte sich nicht dafür,
ob der Mann oder die Frau draußen stand.

Das Wetter war dem Tier scheißegal.

In heißer Mittagssonne konnte man prima experimentieren.

Wen störten schon blaue Lippen und verschrumpelte Füße.

Lag man in der grellen Sonne, konnte man mit den Fingern rotglühende Muster in die geschlossenen Augen drücken.

Im Winter konnte man kleine Hautstückchen an der Stalltür hinterlassen, wenn man die Lippen wieder losriss.

Tat man die steifgefrorenen Hände wieder in die lauwarmen feuchten Handschuhe zurück, war der Schmerz fast unerträglich, im nächsten Moment jedoch schon wieder vergessen.

Sturm konnte man mit den Wangen einfangen, aber nicht hinunterschlucken.

Die kleinen dreckigen Schneeklümpchen auf dem Schal schmeckten gar nicht so übel.

Wenn endlich die Hitze aus der Jacke herausgedampft war, fing man an zu schrumpfen.

Und wie lange dauerte es eigentlich, bis Rotz und Tränen am Gesicht festfroren?

Auch für den Dorfteich gab es beim Wetterbericht
keine Angaben zur Tauchtiefe.

Einmal fuhr ich mit meiner Freundin
zu deren Großmutter nach Bitterfeld.
In Bitterfeld waren die Menschen
geradezu abhängig vom Wetterbericht.

Oft regnete es dort schwarzen Regen
aus einem ewig gelben Himmel.

Dann musste ganz schnell die Frau nach draußen!

In der Nähe gab es einen See. Er lag direkt neben einem fotochemischen Werk und wurde auch Silbersee genannt. Man sagte, er bestehe zu 90 Prozent aus Abfällen der Fotofabrik.

Glänzend und stumm lag er dort. Auch vom Wolfener Silbersee gab es beim Wetterbericht keine Tauchtiefen. Zum Glück war er mit Stacheldraht abgesperrt.

Ich hätte auch schreckliche Angst gehabt, im Silbersee plötzlich im Entwickler unterzugehen.

Der Teich

Kermit der Frosch stammt aus einem stinknormalen Teich. Dort wuchs er ohne besondere Vorkommnisse zu einem erwachsenen Frosch heran.

Weitaus turbulenter war wohl Batmans Kindheit. Auch Joker hatte es als Kind nicht leicht, ebenso Darth Vader, Tarzan und Mr Spock. Nach so einer Kindheit muss man wohl losziehen und berühmt werden:

... als Rächer,

... als Retter,

... als siegreicher Kämpfer

oder tragischer Held.

Kermit ist später dann doch
irgendwie berühmt geworden.

Allerlei lautes, kostümiertes, glamouröses Volk
trat in seiner Show auf. Aber wenn man genau hinsah,
waren das ebenfalls nur stinknormale Tiere:
Schweine, Hühner, Dackel, Bären ...

Und ein kleiner stiller Frosch.
Sein Neffe Robin.

Robin bewunderte seinen Onkel Kermit.
An der großen schillernden Bühnenshow
war er jedoch weniger interessiert.
Wenn er ehrlich war, nervte ihn der ganze Rummel.

Robin interessierten die Geschichten von damals
aus dem Teich:
Entengrütze und Sumpfgeruch, Schwanenscheiße,
Mückenlarven, Wasserblasen und Schlamm –
das ganze modrige Tümpeleinerlei.
Robin liebte es, davon zu hören.

Und als er dann später selbst in der großen Show auftrat,
sang er seine nachdenklichen Lieder
erstaunlich oft vor der Bühnenkulisse
des langweiligen Teiches von früher.

Kindsein war ...

Kindsein war: hinfallen, im Tunnel schreien, in
mit Sprung treten, Brille kriegen, schaukeln und kotze
Muttervaterkind spielen, Scherben sammel.
Puppe ~~repa~~ operieren, der Katze das Laufen auf zw
tauschen, Knallerbsen zertreten, wachsen, Brillenschlang
schlaf nicht still liegen, beleidigt sein, beim Friseu
Puppenhaare schneiden, im Kaufhaus verlorengehe
die Todesbahn runterfahren, Kaugummi aus de
die Unterseite des Tisches bemalen, wütend sein, Schor
vor Schmerz nicht atmen können, im Frühhort heiße Milc
im Treppenhaus sitzen, den Strand aus den Augen verlier
zu spät nach Hause kommen, Finger in heißes Wach
Schweinefutter probieren, Scharlach haben, Ziegenpeter habe
Nr. 33 sein, Fettaugen verbinden, Güterwaggons zähle
sein wollen, Läuse haben, im Müll spielen, Flöhe habe
unter langer Hose anhaben, Altpapier sammeln, im Bunk
einkleben, Dreck fressen, Popel fressen, Schorf fresse

dewasser pinkeln, Läuse haben, nicht auf Gehwegplatten
icht den Boden berühren!, Brottasche schleudern,
chlüssel verlieren, aus der Zahnlücke Blut saugen,
einen beibringen, Kloppe kriegen, Kaugummibilder
in, morgens auf dem Kissen Läuse finden, beim Mittags-
eulen, lügen, geimpft werden, grüne Äpfel fressen,
in Seife beißen, Bastelbögen ausschneiden,
aaren schneiden, Schlamm kochen, sich langweilen,
kratzen, Insekten retten, auf den Rücken fallen,
it Haut trinken, glitschigen Scheuerlappen mit Kotze anfassen,
Badewasser zuerst benutzen dürfen, Zahn abschlagen,
ecken, von Wespen gestochen werden, Alpträume haben,
Vindpocken haben, Filzstifte anlecken, im Essen stochern,
Angst haben, tote Vögel beerdigen, Eiskunstläuferin
n Faschingskostüm schlafen gehen, kratzende Strumpfhose
ielen, im Schwimmbad ins Wasser pinkeln, Konsummarken
auerampfer fressen, heulen, Blumen pflücken, ...

Kindsein war:

manchmal unsichtbar zu sein,

... lag in der Hasenscharte mit einem grünen Star im Auge und aß Adamsapfel ...

oft etwas falsch zu verstehen,

sich im Grunde aber wenig für die Erwachsenen zu interessieren.

Kindsein war auch, das Kind zu sein,

das die Vorfahren einmal waren,

das Kind, das allein durch den Wald musste,
oder ein Kind, das man gar nicht kannte.

Zum Kindsein gehörte auch das, was fehlte:

...ein Vater,

...Geschwister,

...Vergangenheit,

Weißdunochalsdusokleinwarst?

Nein!

...Zukunft,

... und eine Barbie.

Kindsein war alles.

Später, im Neubaugebiet der Stadt,
führten wir ein stinknormales Neubaugebietleben.
Fernheizung und Warmwasser, Fahrstuhl,
feuchter Beton, Treppenhaus, Müllschlucker, Bauzäune,
Hausnummern in dreistelliger Höhe
und Straßennamen, die den Heimweg erschwerten.

Oben im Hochhaus wohnten wir.

In der Mitte wohnte Frau Lange,
die Hausvertrauensfrau mit dem Hausbuch,*
und der Hausmeister, der manchmal im Fahrstuhl pupste.

Unten lagen übriggebliebene Baustoffe,
Erdhaufen, Gruben und jede Menge Schlamm.
Deshalb musste man mit Gummistiefeln zur Schule gehen.

Horst-Nöske-Str.

Gerhart-Mischke-Str.

*Im Hausbuch waren alle Mieter verzeichnet. Bekam man Westbesuch,
musste dieser ins Hausbuch eingetragen werden. Oft wusste die für das
Hausbuch zuständige Person schon vor dem Eintrag, wer zu Besuch kam.

AUCH IN DER STADT GAB ES TRANSPARENTE. MAN KAM NUR SCHLECHT AN SIE HERAN. EIERLEGEBOXEN FÜR HÜHNER WAREN JA AUCH NICHT NOTWENDIG!
Wie Kaninchen-ställe.

In der Stadt zu wohnen, war auch in Ordnung.

Es gab die Schule, müde Lehrer, die Hausgemeinschaft
und die Hausordnung, die Durchreiche, meckernde Mieter
auf Balkonen, keinen Spielplatz, eine ausklappbare Kaufhalle
und die anderen Kinder.

Alles war neu und alle waren neu.

Man fuhr mit dem Fahrstuhl durch die Stockwerke des Neubaus, die Tür ging auf, man stieg aus und wäre vermutlich in irgendeine Wohnung gelaufen, hätte es nicht Schlüssel und Stockwerksnummern gegeben. In den Wohnungen meiner neuen Freunde konnte ich mich allerdings sofort orientieren.

Modul 3589

Weil Couchgarnitur und Anbauwand in nur einer Aufstellkombination ins Zimmer passten, saßen wir am Abend im Neubau mit dem Bewusstsein, einen Couchgarnitur-Turm zu krönen.

Der Müllschlucker auf der Etage schluckte alles,
was in den Wohnungen so anfiel.
Unten, am Ende des Schachtes, im Müllschluckerraum,
schlug der Müll mit lautem Krachen auf.

1.

2.

Draußen wurde die Sache schon komplizierter,
denn alles war in Bewegung.
Es schienen zwar immer die gleichen Formen zu sein,
die da zusammengefügt, aufeinandergestapelt
und mit dem Inhalt von Umzugsautos bestückt wurden,

aber die Geschwindigkeit, mit der sich alles veränderte, war unheimlich. Es wurde gehämmert, gebohrt, gerattert, gequietscht, geschweißt und montiert. Der Blick aus dem Fenster änderte sich ständig, und man fragte sich, wohin das führen sollte.

VORWÄRTS IMMER, RÜCKWÄRTS NIMMER!

Und genau wie alle anderen Kinder suchte ich mir meine Wahrheiten von überall zusammen. In der Schule wurden viele Aufgaben gestellt.

Luis Corvalán hatten wir irgendwann befreit. Das war gar nicht so schwer. Wir hatten nur immer wieder unsere Forderung aufgeschrieben und an die Wände gehängt.

Mit Angela Davis war es nicht ganz so einfach. Bei uns im Land hätte sie es sicher besser gehabt. Frau Honecker hatte sogar blaue Haare und war frei und zufrieden. Einmal hörte ich jedoch, wie jemand sagte, sie solle ihre grünen Kuba-Apfelsinen gefälligst selber fressen.

Und Altstoffe wurden zu Klopapier.

Das hatte ich auch kapiert.

SAMMELT BRILLEN FÜR NICARAGUA!

Aber das mit den Brillen war schwer zu verstehen.

Und was war friedliche Chorexistenz?

Und warum mochten die Erwachsenen die Demonstrationen am ersten Mai eigentlich nicht?

Und wieso brachte unser Westbesuch Klopapier als Geschenk mit und benutzte es dann selbst?

Und es gab etwas, was mich genauso wie die Erwachsenen beunruhigte

und manchmal erboste.

Nach der Schule konnte ich mich zum Glück im Fahrstuhl erholen und austoben.
Durch das Hochhaus brausen,
den Hausmeister ärgern,
schlammige Gummistiefelabdrücke an die Fahrstuhldecke kleben,
die Fahrstuhltür zwischen den Stockwerken öffnen,
TRAGK
400
max.6Pe

Und vielleicht verhielt es sich
mit dem Neubaugebietsleben ja so:

Oben wohnten die Mieter, mit der Couchgarnitur,
zwischen der Anbauwand und der Durchreiche,
von der Fernwärme schön durchgewärmt.

Unten lagen die Tatsachen
im Schlamm und Dreck.

In der Mitte saß die Überwachung mit dem Hausbuch
und stellte sicher, dass das, was auf der Couchgarnitur
neben der Anbauwand über den Dreckschlamm unten
gesprochen wurde, möglichst oben in der Durchreiche
stecken blieb und zusammen mit der Betonfeuchte
folgenlos durch die windigen Fugen verdunstete.

Der stinkende Müllschluckerraum, in den der Müll
aus allen Etagen fiel, war immer gut verschlossen.
Den Schlüssel trug der Hausmeister im Kittel.

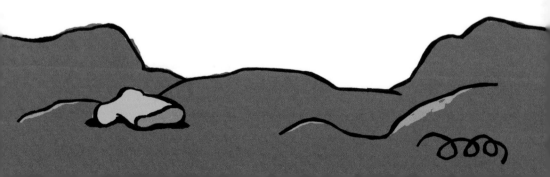

Nasenbluten

Als Detektive verfolgten wir Nasenblutenspuren. Sie verliefen gleichmäßig, Tropfen für Tropfen, verstärkten sich gelegentlich in einem kleinen Blutplatzregen und tropften dann weiter bis zum Hauseingang des Bluters, bis sie hereingelassen wurden.

Unsere Fahndung
endete mit der Vermutung,
dass es hinter der fremden Tür
sicher Stubenarrest
wegen der Blutschweinerei
auf der Kleidung gab.

Beim Nasenbluten in der Schule

musste das Nasenblutenkind

den Nasenblutenkopf nach hinten legen.

Die Vorstellung von der innerlichen Blutüberschwemmung hat vermutlich bewirkt, dass ich nie Nasenbluten hatte,

was mich jedoch auch neidisch auf die Nasenbluter machte.

Unsere Kindernasen hatten zu tun.

Sie trugen dicken grünen Rotz,

mussten kleine hässliche Brillen
mit Abziehbildern gegen das Schielen halten,

wurden durchsucht, durchbohrt und ausgeleert.

Im Schwimmbad, beim Tauchen oder bei vermasselten Kopfsprüngen,

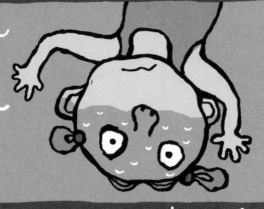

konnte es passieren, dass Chlorwasser durch die Nase in den Kopf kam.

Das tat weh.

In der Schule erzählte man sich Geschichten über Wasserköpfe.

Unsere Kindernasen hatten viel zu tun.

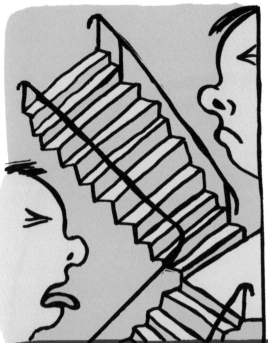

Sie rochen den Pissegeruch im Schulhaus, wenn es Niere zum Mittagessen gab.

Sie erkannten die Zuhauses, in denen Kindersachen nicht gewaschen wurden,

kümmerten sich um Gerechtigkeit,

erkundeten Körper
mit und ohne Fell

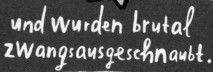
und wurden brutal
zwangsausgeschnaubt.

Später wuchsen Pickel darauf.

Lag man mit verstopfter Nase im Bett,

konnte man die Rotze, je nach Seitenlage, auf die eine oder andere Seite des Kopfes laufen lassen

und dann durch das obere Nasenloch frei atmen.

Erkältungsträume
waren schrecklich.

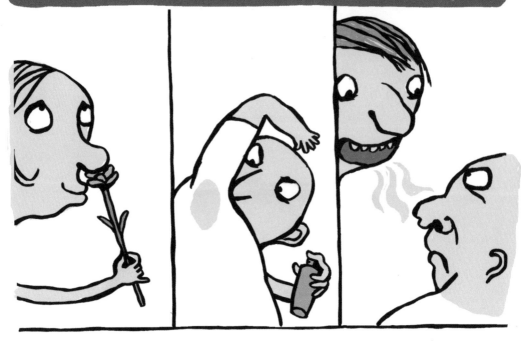

Manchmal wird sie unruhig.

Dann hat sie eine Geruchsspur entdeckt.

Und wie durch eine Tür führt sie uns an einen Ort in der Vergangenheit.

Da, hinter der Tür, steht alles unverändert und wir haben ein wenig Zeit, uns umzusehen.

Die Erinnerungen der Kindernase

aufgeweichter Teerstreifen im Beton

Bottasschenleder

Umkleideraum Turnhalle

Ofenglut am Morgen

Marienkäfer pisse

Kaugummi- bilder

Schabenbekämpfungs- mittel

sind für immer
im Erwachsenenkopf versteckt.

Gummiwärmflasche
im eisigen Bett

Schlachtefest

Fernseh-
sessel

Erbsensuppe
mit Zigaretten

Treppenhaus
am Sonnabend

Zeit

Der Eimer ist ein Turm.

Die Kiste ist das Schloss.

Die Sofakissen sind der Wald.

Hier geht eine Straße entlang.

Die Katze spielt nicht mit.

Der Teppich ist das Land.

Ich bin die blonde Puppe,
du die mit den kurzen Haaren.

Und was ist Zeit?

Zeit ist ein Schwarm Stubenfliegen.

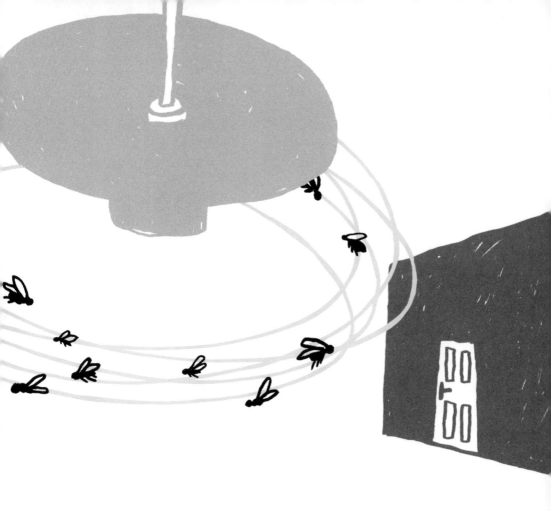

Es ist früher Nachmittag im Sommer,
die Sonne scheint durchs Küchenfenster,
es riecht nach Lappen.
Unter der Lampe werden endlos
Flugbahnen geschlossen.
Leise wird dabei gesummt.
Sonst passiert nichts.

Zeit ist ein Pilzwald.

Mit Messer und Korb irrt man zwischen den Bäumen herum und fängt mit dem Gesicht Spinnweben ein.

Es knackt und hallt leise.

Über diese Wurzel ist man doch schon einmal gestolpert?

Zeit ist eine Busfahrt.

Vorn wird gesteuert, hinten kann man aus dem Fenster schauen.

Manchmal fliegt die Landschaft draußen vorbei.

Manchmal glaubt man, neben dem Bus her laufen zu können.

Wenn der Fahrer den Bus anhält, muss man aussteigen.

Es ist Sommer, die Sonne scheint, der Küchenlappen stinkt. Ein Fliegenschwarm umsummt die Lampe. Sonst ist nichts.

Plötzlich schert eine Fliege aus
und knallt gegen die Fensterscheibe.

Es kommt jemand.

Dann ist es Abend.
Dann ist die Woche herum.
Dann ist der Sommer vorbei.

Ein Fliegenschwarm ist
wie die anderen Fliegenschwärme.
Alle Kindheitssommer sind
wie ein Sommer.

Such dir
was aus,
aber beeil dich!

Jacques Cousteau sicherte das Meer,

Starsky und Hutch die Straßen von Bay City.

Sigmund Jähn beobachtete schweigend
den nahen Weltraum, Laika den fernen.

Old Shatterhand und Winnetou waren im Wilden Westen unterwegs.

Frau Lange hatte das Hausbuch.

Frau Puppendoktor Pille passte auf die Kinder auf, die kein Westfernsehen gucken durften.

Müde Veteranen bewachten die Vergangenheit.

Auf dem Schulhof herrschten die fiesen Möricke-Zwillinge.

Irgendwann weißt du, wie es läuft.
Es ist Zeit, da draußen ein bisschen mitzumischen.

„Such dir was aus, probier mal!",

säuselt eine nette Stimme.

Also legst du los.

Du erforschst,

entdeckst

und rettest.

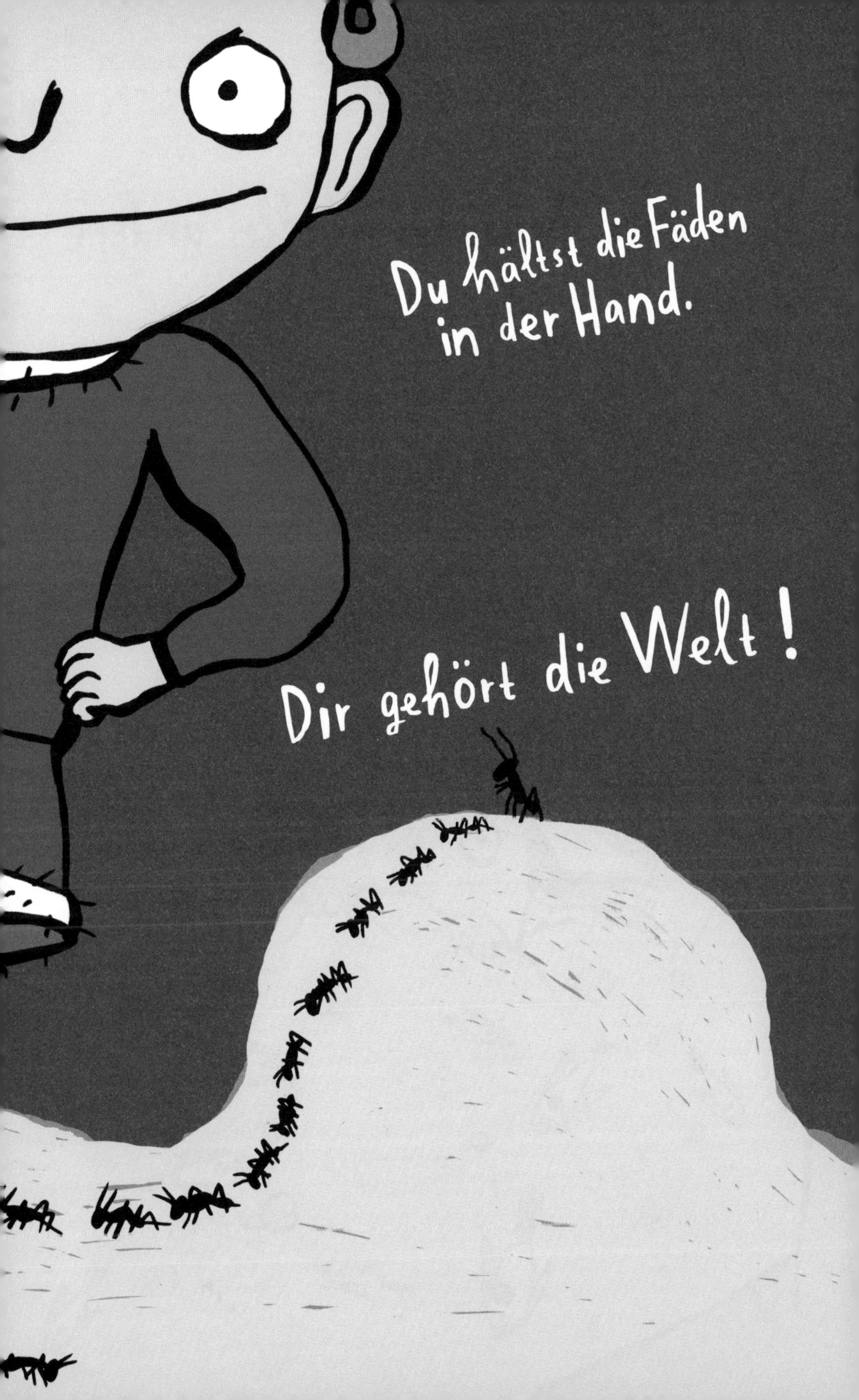
Du hältst die Fäden in der Hand.
Dir gehört die Welt!

Doch eines Morgens ist alles anders.

„Willkommen im Reich der Erwachsenen!",

säuselt die Stimme nun scheinheilig.

Man klopft dir auf die Schulter und begrüßt dich in der neuen Welt.

und fällst.

Hingefallen?

Bist du hingefallen, 🌼 stehst du wieder auf,

läuft das Blut
in die Kniestrümpfe

und Sand und Dreck
kleben darin,

das tut weh,

aber Heulen hilft,

langes Heulen hilft

und lautes Heulen.

Der Hals tut schon weh,
endlich kommt jemand,

au, und Jod brennt,

deine Augen sind
ganz verquollen,

du kriegst einen Verband

und Schluckauf vom Heulen.

Dann ist alles gut.

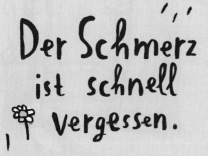

Der Schmerz ist schnell vergessen.

und Kind bleiben.